SALUD
EN FAMILIA

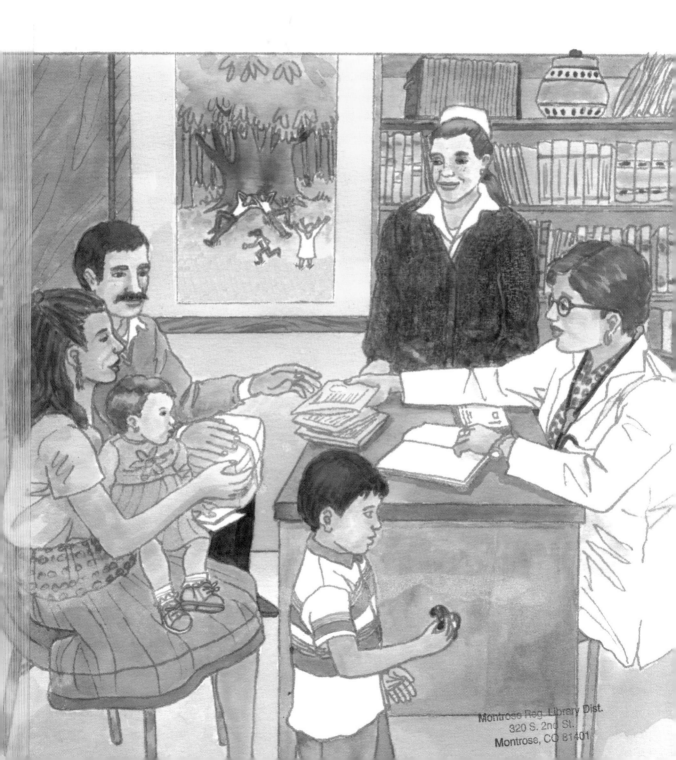

Este libro fue elaborado por la Secretaría de Educación Pública

COORDINACIÓN GENERAL ● Coordinación de Asesores de la Oficina
del C. Secretario de Educación Pública

ESPECIALISTA ● Lucero Rodríguez

EQUIPO PEDAGÓGICO ● Lilian Álvarez Arellano ● María del Carmen Campillo Pedrón ● Karla Pinal Mora

COORDINACIÓN EDITORIAL
DIRECCIÓN DE ARTE
Y DISEÑO GRÁFICO ● Martha Covarrubias Newton

ASISTENTE DE ARTE ● Cecilia Lemus Ayala

ILUSTRACIÓN ● Teresa Candela Martín

APOYO INSTITUCIONAL ● Mariano García Viveros, INSTITUTO NACIONAL DE CIENCIAS MÉDICAS
Y NUTRICIÓN DR. SALVADOR ZUBIRÁN ● Rebeca López Ruvalcaba,
Julián Mendoza Flores, Lilia Rivero Rodríguez, SECRETARÍA DE SALUD

CORRECCIÓN DE ESTILO ● Gabriel Soto Cortés

D.R. © SECRETARÍA DE EDUCACIÓN PÚBLICA
PRIMERA EDICIÓN 2004
ISBN 970-33-0028-6

Salud en familia SE IMPRIMIÓ POR ENCARGO
DE LA COMISIÓN NACIONAL DE LIBROS DE TEXTO
GRATUITOS EN EL 45° ANIVERSARIO DE SU CREACIÓN,
EN LOS TALLERES DE GRUPO GRÁFICO EDITORIAL,
S.A. DE C.V. CON DOMICILIO EN CALLE B NÚM. 8,
PARQUE INDUSTRIAL PUEBLA 2000, C.P. 72220,
PUEBLA, PUE., EL MES DE MARZO DE 2004.
SE IMPRIMIERON 200,000 EJEMPLARES
MÁS SOBRANTES PARA REPOSICIÓN.

Í N D I C E

La salud es un estado dinámico y de equilibrio entre el cuerpo y la mente. Sin este equilibrio, se pierde. La salud es un estado general de bienestar físico, mental y social que tiene repercusiones en todos los aspectos de nuestra vida. La Organización Mundial de la Salud la define como el completo estado de bienestar físico, social y psicológico, y no únicamente como la ausencia de enfermedad. La salud proporciona la capacidad de disfrutar de una vida plena.

Para cuidar su salud es fundamental que Ustedes y su familia tengan información que los ayude a llevar una vida saludable. También es necesario acudir al médico, quien ayuda a prevenir, detectar y curar las enfermedades.

La familia influye en la salud de cada uno de sus miembros, pues en ella se adquieren valores, conocimientos, hábitos y habilidades que la condicionan.

La participación de Ustedes, los padres de familia, es fundamental, ya que pueden promover una vida saludable en su hogar. Para ello deben tener buena información que les ayude a tomar decisiones en relación con la salud de los suyos. Cuando conocen las condiciones que la favorecen, pueden identificar los problemas que suelen afectarla durante las diferentes etapas de la vida, promover prácticas saludables, prevenir enfermedades y detectar riesgos, los cuales pueden evitarse mediante acciones sencillas.

Este libro brinda a las madres y los padres la información básica que requieren para cuidar y promover la salud de su familia, y los ayuda a reflexionar sobre los hábitos y prácticas que la benefician o afectan. En él se narran tres pláticas que un equipo de personal de salud ofrece a un grupo de madres y padres interesados, como Ustedes, en el tema.

La salud de la familia es responsabilidad de todos; es uno de los bienes más preciados que tenemos, y es indispensable para estudiar, trabajar y disfrutar de la vida. ¿Cómo cuidan Ustedes la salud de su familia?

¿Qué entienden por salud?

A la salida de las principales escuelas del rumbo se colocaron carteles invitando a madres y padres, y a todo adulto responsable de una familia, a una serie de pláticas sobre salud familiar. Los tres temas fueron:

- Hábitos saludables.
- Prevención de enfermedades.
- Detección y atención oportuna de las enfermedades más frecuentes en diferentes etapas de la vida.

El programa resultaba muy interesante, pero era necesario organizarse: ¿quién cuidaría a los niños?, ¿quién prepararía la merienda? En cada hogar hubo una respuesta diferente. Muchos adultos se esforzaron por asistir.

La reunión comenzó a tiempo y llegaron madres, padres, tíos y abuelos, además de algunos niños. El personal de salud se presentó. Estaban la doctora Josefina López, una mujer de mediana edad, y el joven promotor Juan Ramírez, quienes recibieron y le dieron la bienvenida al público.

Comenzaron preguntando a los asistentes:

¿Cómo saben si están sanos o no?
¿Le dan importancia al cuidado de su salud?
¿Cómo la cuidan?

La salud es el resultado de factores que heredamos de nuestros familiares, de los efectos del medio que nos rodea, de los hábitos y costumbres que realizamos de manera cotidiana y del esfuerzo que cada uno de nosotros hace para cuidarla y mejorarla a lo largo de la vida.

Estamos sanos cuando nuestro cuerpo funciona de manera correcta, nos sentimos bien con nuestra vida diaria y podemos relacionarnos adecuadamente con los demás.

La salud se conserva o se pierde en la casa, la escuela, la calle, el trabajo, el campo, por lo que en todos los lugares donde desempeñamos nuestras labores debemos actuar para mantenernos sanos.

Desde antes de nacer el bebé es afectado por el estado de salud de sus padres y por el medio que le rodea. Desde el nacimiento comienza a recibir influencias de sus padres, sus maestros y la sociedad, quienes le inculcan valores, creencias, hábitos y costumbres que determinan de alguna manera su salud y calidad de vida.

Para conservar la salud se requiere:

- Promoverla y cuidarla mediante prácticas saludables
- Prevenir enfermedades
- Atendernos oportunamente cuando nos enfermamos

Las prácticas saludables nos ayudan a estar sanos. Para cuidar y mantener nuestra salud es necesario promover conductas y actitudes orientadas a disminuir los riesgos que cotidianamente enfrenta, y adoptar prácticas y hábitos que nos ayuden a conservarla, como son:

- La alimentación adecuada
- La higiene
- El ejercicio
- El descanso
- Las relaciones familiares y sociales armónicas

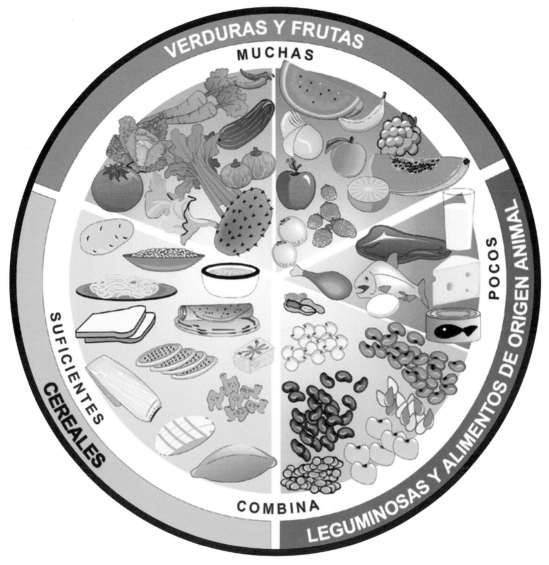

Comer sanamente

La alimentación tiene un papel muy importante en la salud porque mantiene vivo el cuerpo y sienta la base del crecimiento y el buen desarrollo físico e intelectual de niñas y niños. Una alimentación adecuada disminuye el riesgo de sufrir enfermedades. Comer en familia fortalece la comunicación y la convivencia.

Una alimentación correcta incorpora en cada comida alimentos de los tres grupos:

GRUPO **1** Verduras y frutas

GRUPO **2** Cereales y tubérculos

GRUPO **3** Leguminosas y alimentos de origen animal

La combinación de los tres grupos en cada comida asegura las necesidades de energía (calorías), proteínas, vitaminas y minerales que el cuerpo necesita de acuerdo con la edad, el sexo, la estatura, la actividad física, el estado fisiológico (como el embarazo o la lactancia) y el estado de salud de cada persona.

Una dieta correcta es aquella que en el desayuno, la comida y la cena incorpora por lo menos un alimento de cada grupo y es además:

- **Suficiente**, es decir, en la cantidad necesaria según la edad.
- **Equilibrada**, mediante combinaciones que aseguren las proporciones adecuadas de nutrientes, de acuerdo con la edad y la actividad física.
- **Variada**, combinando diferentes alimentos para evitar la monotonía y asegurar el consumo de nutrimentos.
- **Higiénica**, preparando los alimentos con la mayor limpieza para evitar enfermedades gastrointestinales, como las diarreas.

VITAMINA A
Previene problemas de la vista, infecciones gastrointestinales y de la piel, así como retraso del desarrollo.
La contienen: leche, queso, yema de huevo, hígado, verduras y frutas de color verde y amarillo.

VITAMINA C
Favorece un mejor aprovechamiento del hierro y previene enfermedades respiratorias, sangrado de encías y problemas de cicatrización.
La contienen: la mayoría de las frutas, sobre todo naranja, limón, toronja, guayaba, los vegetales verdes y el jitomate.

ÁCIDO FÓLICO
Disminuye las enfermedades gastrointestinales y la anemia en menores de cinco años y en mujeres embarazadas. Éstas requieren una dosis adicional.
Lo contienen: verduras de color verde oscuro (quelites, acelgas), frijoles, habas, carnes y yema de huevo.

VITAMINA B
Previene la anemia, enfermedades nerviosas y de la piel.
La contienen: verduras de hojas verdes, frijoles, huevo, cereales integrales, carnes e hígado.

YODO
Previene el bocio (abultamiento en el cuello) y problemas de crecimiento y desarrollo en niñas y niños.
Lo contienen: pescados, mariscos y sal yodada.

CALCIO
Protege contra la osteoporosis, el raquitismo y la debilidad de huesos y dientes.
Lo contienen: leche, queso, tortillas de maíz, amaranto (alegría) y vegetales verdes.

ZINC

Su deficiencia puede provocar retraso en el crecimiento y envejecimiento prematuro. Afecta sobre todo a adolescentes, adultos, embarazadas y mujeres que amamantan. Lo contienen: hígado, riñón, pescado, cereales integrales y vegetales verdes.

HIERRO

Evita la anemia, sobre todo en niñas y niños menores de cinco años, y mujeres en edad fértil. Lo contienen: hígado, carnes, verduras de hojas verdes, frijoles, lentejas y huevo, entre otros.

¿Debemos comer todos lo mismo?

Las necesidades de alimentación varían según la edad y el estado de salud de cada persona.

El recién nacido debe recibir leche materna como único alimento hasta los cuatro meses de edad. La leche materna cubre todas las necesidades de energía, proteínas, vitaminas, minerales y agua que necesita para crecer y desarrollarse. Al amamantar a su hijo, la madre lo protege de enfermedades y propicia una relación de afecto con él. Durante los primeros meses de vida no es recomendable dejar de dar el pecho a menos que el médico lo indique.

A partir del cuarto mes, además de continuar con la lactancia materna, es necesario darle gradualmente otros alimentos en forma de papillas

de verduras y frutas, purés de cereales como avena y arroz, y leguminosas como frijol y lentejas. Es conveniente agregar poco a poco alimentos como carne en trocitos, así como jugos de manzana y pera. Al principio es mejor darle papillas de una sola fruta o verdura para que vaya identificando los diferentes sabores.

Recuerde que se debe dar exclusivamente leche materna durante los primeros cuatro meses de edad. Después, leche materna más otros alimentos en forma de papillas y purés.

A partir del año la alimentación debe incorporar alimentos de los tres grupos en cada comida. Las niñas y los niños pequeños necesitan, además de las tres comidas principales, un refrigerio entre comidas, es decir, una ración pequeña de algún alimento que les proporcione energía.

Recuerden que sus hijos aprenden con el ejemplo y esto incluye la alimentación. Es muy importante inculcarles buenos hábitos alimentarios como lavarse las manos antes de comer, tomar agua sola o de frutas naturales y no refrescos, comer en familia y en horarios fijos, variar sus alimentos, desayunar todos los días y lavarse los dientes después de cada comida, así como masticar y comer con calma. Los hábitos que adquieran durante la infancia tienen gran influencia en la cultura alimentaria del resto de su vida.

Las niñas y los niños deben desayunar o comer antes de ir a la escuela, lo que les ayudará a aprender mejor. También sirve prepararles un refrigerio nutritivo para la hora del recreo, como una torta, fruta o yogurt.

En la adolescencia la alimentación debe contener alimentos ricos en hierro como espinacas, frijoles o lentejas. Es importante estar atentos para evitar que hagan dietas si no las recomienda un médico. A esta edad las y los jóvenes se dejan influir fácilmente por el medio en que se desenvuelven, y pueden buscar tener cuerpos muy delgados; pero si tienen buenos hábitos alimentarios, no habrá problemas.

¿Cuáles son los hábitos alimentarios de sus hijos?
¿En qué se parecen a los suyos?
¿Creen necesario cambiar alguno?
Nunca es tarde.

Compartir los alimentos en familia es una oportunidad para fortalecer los lazos que los unen y promover la comunicación entre sus miembros. Procuren lograr un ambiente agradable a la hora de comer, y recuerden que niñas y niños de la misma edad deben recibir la misma alimentación.

¿Somos lo que comemos?
¿Qué alimentos ha ingerido hoy?
¿Son suficientes para la actividad que realiza?
¿Es una dieta equilibrada, variada e higiénica?
¿Qué podría hacer para mejorarla?

La alimentación en los adultos debe ser cuidadosa para evitar el sobrepeso y la obesidad. Las personas adultas dejan de crecer, su metabolismo es más lento y ya no se forman células; sólo se reparan las que ya no funcionan. Se vuelven sedentarias, es decir, en general hacen poco ejercicio, por lo que ya no deben comer como cuando eran jóvenes. En esta etapa también se debe cuidar la calidad y la cantidad de alimentos que se ingieren, y disminuir el consumo de azúcar, pastelillos, pan, pastas, grasas, mantequilla y sal para evitar enfermedades como la diabetes o la presión alta, entre otras.

La alimentación del adulto y el adulto mayor debe incluir:
- Alimentos de los tres grupos.
- Muchas verduras y frutas ricas en fibra.
- Moderada cantidad de cereales como tortilla, pan, arroz o pastas, y de alimentos de origen animal.
- Muchos líquidos, sobre todo agua (por lo menos ocho vasos de agua al día), aunque poco café y té.
- Comer en un ambiente limpio, agradable y, si es posible, en compañía de su familia.

Los adultos mayores, como se llama a las personas de más de 60 años, tienen un metabolismo más lento, algunos son inapetentes, muy selectivos en su alimentación, y pueden tener dificultades para deglutir o masticar alimentos. También deben evitar alimentos irritantes como chile y otros condimentos, así como el consumo excesivo de grasas, azúcares y sal. Si tienen problemas para masticar, prepare alimentos de consistencia suave.

Recuerden que. . .

- Cada persona tiene necesidades alimentarias distintas según la etapa de vida en que se encuentra.

- Para los recién nacidos y hasta los cuatro meses de edad la leche materna es suficiente y no necesitan ningún otro alimento.

- A partir de los cuatro meses deben seguir con la leche materna e incluir otros alimentos.

- La alimentación de los niños los hace crecer y desarrollarse.

- Los adultos y los adultos mayores necesitan continuar con una alimentación adecuada para evitar enfermedades y mantenerse en buenas condiciones.

- Los alimentos deben prepararse con higiene.

- El lavado de manos antes de comer y después de ir al baño es indispensable para evitar el contagio de enfermedades.

Una buena higiene nos ayuda a sentirnos y vernos bien

La higiene es el conjunto de acciones sencillas para limpiar y ordenar el ambiente en que vivimos. Una buena higiene incluye el aseo personal, la cuidadosa preparación de los alimentos que consumimos y la limpieza de la casa.

Cuerpo limpio

El cuerpo se ensucia con el sudor, el polvo y la tierra, y recoge microbios y parásitos. Los microbios son seres vivos que, a pesar de no verse a simple vista, viven en el agua, el polvo, la piel y las manos, y se quedan a vivir fácilmente en la cabeza, las orejas, la piel y las manos sucias. Los microbios también se desarrollan en la boca por los restos de alimentos que quedan entre los dientes después de comer y provocan molestias como sangrado de encías, mal aliento y hasta pérdida de dientes. Muchos microbios causan enfermedades.

La higiene es el enemigo natural de microbios y parásitos. Para tener una buena higiene es necesario:

- Bañarse diariamente.
- Cambiarse de ropa cada día.
- No dormir con la ropa que se trae puesta durante el día.
- Usar ropa para dormir, quitársela al levantarse y lavarla con frecuencia.
- Lavarse siempre las manos antes de preparar, servir o consumir alimentos, y después de ir al baño o de cambiar pañales.
- Mantener las uñas cortas y limpias.
- Mantener limpios los pies.
- Lavarse los dientes después de cada comida.

Es importante que toda la familia ponga en práctica estos hábitos. Se aprende con el ejemplo, y la higiene de cada uno influye en la salud de los demás.

Los padres debemos inculcar hábitos de higiene a nuestros hijos desde que nacen, y fomentarlos a lo largo de toda la vida. Mientras más temprano se adquieran estos buenos hábitos, mejor.

Alimentos limpios

Al igual que el cuerpo, los alimentos se contaminan con microbios y parásitos, por lo que es importante que antes de prepararlos estén limpios.

Todas las frutas y verduras, tanto las que se comen crudas como las que se cuecen, deben lavarse con agua y jabón. Las verduras de hoja verde como lechugas, espinacas y acelgas deben lavarse hoja por hoja y después ponerse a remojar en agua con cloro (dos gotas de cloro por cada litro de agua) durante quince minutos.

También es necesario lavar la carne –ya sea de res, cerdo o pollo– y el pescado, así como los huevos, pues en todos ellos puede haber microbios adquiridos en su transporte, almacenamiento o venta.

Antes de preparar los alimentos se requiere lavarse las manos y recogerse el cabello. Al terminar de preparar los alimentos, laven todos los utensilios que se utilizaron.

El agua que se usa para beber debe hervirse o clorarse para eliminar los microbios que pudiera tener. Se puede hervir durante tres minutos a partir del primer hervor, o agregar dos gotas de cloro por cada litro y dejarla reposar diez minutos.

Si se practican diariamente estas recomendaciones, se evitan enfermedades peligrosas como la diarrea, y otras debidas a parásitos intestinales.

Casa limpia

La casa es el lugar donde la familia puede descansar, comer, convivir, dormir y protegerse del calor, el polvo, el frío, la lluvia y los animales. Por ello la casa debe ser un lugar limpio y seguro, bien conservado e higiénico. Si no se mantiene limpia y agradable, puede convertirse en foco de enfermedades para toda la familia.

Para tener la casa limpia es necesario:

- Tener ventanas por donde puedan entrar aire fresco, la luz del sol y también salir el humo cuando se cocina en fogón.

- Evitar cuartos húmedos y oscuros en los que crecen microbios y hongos que pueden ocasionar enfermedades de las vías respiratorias, o alergias.

- La falta de limpieza, el manejo inadecuado de la basura y la convivencia con animales dentro de la casa favorece la reproducción de moscas, cucarachas, hormigas, arañas y pulgas, entre otros, que representan un riesgo para la salud. Los agujeros de muros y techos propician la cría de insectos y ratas. Lo mismo sucede cuando los pisos son de tierra. Para evitar todos estos problemas es necesario tapar los agujeros; pintar o encalar las paredes; cubrir los pisos con cemento, barro o piedras, y barrerlos todos los días.

- Poner mosquiteros y tela de alambre en puertas y ventanas en lugares donde proliferen los mosquitos, ya que pueden transmitir enfermedades como el dengue y el paludismo.

- Si cocina con leña, construya una estufa con salida para el humo. Es muy fácil y económico construir una estufa "lorena" con lodo y arena. Esto evitará que el humo de la leña se concentre en la casa y provoque molestias en los ojos, o enfermedades respiratorias. Pida asesoría en su unidad de salud.

- Cubrir con tierra los charcos que se formen cerca de la casa para evitar que se críen los mosquitos; no dejen en el patio o frente a la casa botellas, latas, llantas u otros objetos, para evitar que se almacene agua en ellos y se críen larvas.

- Evitar que los animales domésticos entren donde las personas duermen y comen; es mejor que permanezcan afuera de la casa en corrales o chiqueros limpios. Es necesario desparasitarlos.

- Cada casa debe contar con un lugar específico para que los miembros de la familia defequen. Puede ser una letrina, un pozo o un excusado. Pidan asesoría al personal de salud para evitar que el excremento contamine los acuíferos que surten de agua a su comunidad.

- Mantener tapados todos los depósitos de agua (piletas, tinacos y tambos) y lavarlos cuando menos cada seis meses.

- Mantener limpio el baño y enseñar a toda la familia a cuidar su limpieza.

- Barrer y mantener limpio el frente de su casa.

- Depositar la basura en bolsas, botes o cajas con tapa, separando la orgánica (comida, flores) de la inorgánica (papel, vidrio, plástico, metal) en bolsas de plástico y entregarla al recolector de basura. Si viven en el campo, entiérrenla, no la quemen.
- Lavar por lo menos una vez a la semana el bote donde almacenen la basura.
- Lavar sábanas, fundas y toallas de baño una vez a la semana, y las cortinas cada tres meses, para no acumular polvo.

Es importante que todos los miembros de la familia participen en estas tareas. Pueden hacer un calendario por semana para que a nadie se le olvide.

Recuerden que para estar sano es necesario mantener cuerpo, alimentos y casa limpios. Limpieza es salud.

Todos a moverse

Además de una buena alimentación e higiene, la constancia en el ejercicio es la mejor manera de conservar y promover la salud.

El ejercicio es necesario para mantener en buena forma los músculos, pero también es indispensable para que la sangre circule mejor y se fortalezca el corazón. El ejercicio ayuda a verse y sentirse mejor, a liberar tensiones y a consumir los excedentes de los alimentos que se ingieren.

El trabajo en el hogar y las caminatas ocasionales no son suficientes para fortalecer el corazón. Para que un ejercicio sea útil debe hacerse de manera que se aceleren sus latidos. Por ello es importante que todos los miembros de la familia realicen algún ejercicio como correr, caminar, andar en bicicleta o bailar. Es conveniente formarle a las niñas y los niños el hábito del ejercicio, y supervisar que no lo abandonen en la adolescencia. El ejercicio es necesario durante toda la vida para conservar la salud.

La actividad física contribuye a la prevención de padecimientos del corazón, diabetes, obesidad, presión alta y osteoporosis, entre otras. También mejora el estado de ánimo, induce el sueño, favorece el desempeño intelectual y eleva la autoestima.

A cualquier edad Ustedes pueden realizar algún tipo de ejercicio, ya sea en su casa, en el parque, en el camino al trabajo o en un deportivo. Nunca es tarde para empezar.

Se recomienda seguir rutinas de ejercicios en periodos cortos de 15 a 20 minutos. Si tienen algún problema de salud, acudan al médico para que les indique una rutina de ejercicio específica.

Si toman la decisión de hacer ejercicio todos los días, se beneficiarán. Para hacer ejercicio les recomendamos:

- Usar ropa y zapatos cómodos.
- Escoger un lugar seguro.
- Comenzar poco a poco y aumentar cada semana un poco más de ejercicio.
- Tomar agua.
- Comentar al médico si tienen alguna molestia al hacer ejercicio.

Ustedes pueden ser más activos si adquieren el hábito de:

- Bajarse del transporte una o dos paradas antes de su destino, y caminar.
- Andar en bicicleta.
- Caminar a la escuela, trabajo o mercado.
- Caminar después de comer.
- Hacer ejercicio varios días a la semana.
- Salir a bailar o hacerlo en casa.
- No permanecer mucho tiempo sentados.
- Estirarse de vez en cuando, evitando movimientos bruscos.

La actividad física regular ayuda a:

- Prevenir infartos.
- Controlar el peso y evitar la obesidad.
- Tener buena digestión.
- Fortalecer los huesos.
- Prevenir y controlar la diabetes y la tensión arterial.
- Mejorar el equilibrio, la flexibilidad y la movilidad.
- Dormir bien y tener buen humor.
- Disfrutar de su tiempo libre.

Descansar es necesario

El cuerpo humano necesita el descanso para fortalecerse y mantenerse sano. Dormir es una necesidad del cuerpo y la mente. Para recuperarse del desgaste diario se requieren al menos ocho horas de sueño continuo.

Las personas que duermen poco están alteradas, nerviosas y con problemas de salud. Pueden tener además sensación de cansancio o flojera, y algunas veces demuestran poco interés por lo que les rodea.

¿Cómo se siente Usted después
de no haber dormido bien?

¿Cuántas horas dormir?

Si bien todas las personas necesitan dormir, los recién nacidos duermen hasta 20 horas al día; conforme van creciendo duermen menos horas. Los niños deben dormir al menos nueve, al igual que los adolescentes. Las personas mayores duermen menos que los jóvenes.

Durante el sueño las niñas y los niños crecen, ya que en este periodo se libera la hormona del crecimiento.

Dormir bien es un hábito saludable que se debe enseñar desde el nacimiento y fortalecerse durante la niñez y la adolescencia. Al igual que otros hábitos, el ejemplo de los mayores es importante.

Para descansar mientras se duerme es recomendable:

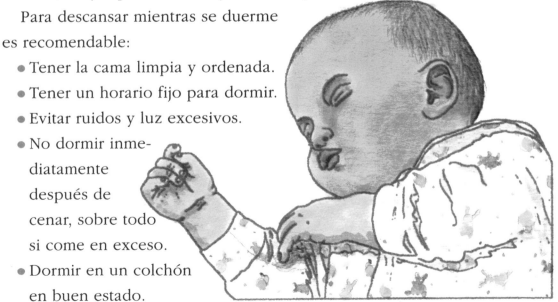

- Tener la cama limpia y ordenada.
- Tener un horario fijo para dormir.
- Evitar ruidos y luz excesivos.
- No dormir inmediatamente después de cenar, sobre todo si come en exceso.
- Dormir en un colchón en buen estado.

La diversión
también es salud

Las preocupaciones acumuladas y el trabajo excesivo se suman y producen mal humor o irritabilidad, lo que habrá de contrarrestarse con actividades agradables. Está demostrado que las tensiones o presiones pueden perjudicar la salud.

Es necesario darse un tiempo para divertirse de manera sana. Algunas actividades como ir al cine, bailar, practicar algún deporte, ir al teatro o a museos pueden implicar algún costo, aunque es posible encontrar actividades y espectáculos gratuitos. También se puede pasar un rato muy agradable simplemente leyendo, paseando por un parque, escuchando música, o conviviendo en familia conversando, jugando o preparando alimentos de manera especial.

Las actividades de recreación contribuyen a conservar la salud de todos los miembros de la familia y son una oportunidad para fortalecer los lazos que los unen.

Estar bien con los demás para estar sano

La armonía en las relaciones y la satisfacción con las actividades diarias son factores importantes para tener una vida sana. Estos aspectos de la salud se reflejan en el comportamiento y en el bienestar de las personas que nos rodean. La satisfacción en las relaciones con los demás brinda mayores posibilidades para crear y producir. Procuren que sus relaciones sean armónicas y su salud se verá beneficiada.

Es necesario lograr una convivencia satisfactoria con todos los miembros de la familia, buscar una buena comunicación, pensar en momentos agradables que se pueden vivir juntos –por ejemplo, los cumpleaños–, organizar reuniones periódicas, paseos o días de campo en que haya una interacción muy estrecha.

Recuerden que una de las principales funciones de la familia es crear un ambiente que ofrezca seguridad y confianza a todos sus miembros, en especial a niñas, niños y adolescentes. Además es muy importante que en su familia todos sean aceptados, respetados y amados. La familia es el lugar donde cada uno adquiere los valores que regirán su vida.

El amor es un elemento que también influye en la salud y que favorece un mejor desarrollo. Es necesario que todos en la familia expresen sus sentimientos y que exista un ambiente que favorezca la comunicación. Es muy importante que niños y adolescentes expresen sus dudas, inquietudes e intereses.

La violencia afecta la salud

La violencia familiar afecta el bienestar y la salud de las personas porque ocurre en el lugar donde debieran sentirse más protegidas, queridas y seguras: su casa. La violencia se manifiesta cuando alguno de los integrantes de la familia abusa de su fuerza, autoridad o poder para maltratar a alguno de sus familiares. Y afecta más a quienes por su edad, estado de salud o situación no pueden defenderse.

La violencia puede manifestarse de diferentes maneras. La física, que incluye todo tipo de actos que lesionan el cuerpo; la emocional, que hiere a las personas en sus sentimientos; y la sexual, que se presenta al forzar a la pareja, hijos o hijas, o cualquier otro integrante de la familia a tener relaciones sexuales, caricias u otro tipo de actividad sexual.

¿En su familia alguna persona recurre a la violencia, los insultos o los malos tratos de cualquier tipo? ¿Cómo reaccionan los demás miembros de la familia? ¿Saben que la ley protege a las víctimas?

Este problema afecta el desarrollo físico y emocional de niñas y niños; puede causar depresión, bajo rendimiento escolar, conductas de aislamiento y agresividad, tendencia al suicidio, desintegración familiar y adicciones.

La violencia familiar nunca es justificable, no es algo natural, normal o sin solución: es un problema social reconocido en nuestra legislación y se considera un delito. Puede y debe ser denunciada para proteger a las víctimas.

La violencia no es una forma aceptable de relacionarse con los demás ni sirve para resolver conflictos; por el contrario, los agrava.

Para prevenir la violencia intrafamiliar es recomendable:

- Mejorar la comunicación.
- Conocer nuestros derechos básicos.
- Fomentar la convivencia.
- Reconocer que existen prácticas violentas en casa.
- Buscar ayuda.
- Denunciar casos de violencia.
- Fomentar que el trabajo y las responsabilidades de la casa se repartan de manera equilibrada entre hombres y mujeres, hijas e hijos.
- Buscar que las relaciones intrafamiliares se desarrollen con profundo respeto y armonía.
- Canalizar las tensiones en actividades recreativas y culturales.

Todas y todos tenemos derecho a una vida sin violencia. Ningún miembro de la familia debe ser víctima de violencia ni abusos de ningún tipo. No olviden que se enseña con el ejemplo, por lo que la agresión a un miembro afecta a todos.

La salud es nuestra responsabilidad. Se construye día a día con alimentación, limpieza, ejercicio, descanso, diversión y afecto.

La segunda sesión de las pláticas de salud comenzó con mayor intercambio entre los participantes, quienes ya se conocían mejor. Conversaron acerca de los desequilibrios que habían encontrado al analizar su vida diaria y la manera de cuidar su salud y la de su familia; del uso de su tiempo libre; de ciertos hábitos alimentarios. Algunas personas intercambiaron recetas y sugerencias de alimentación, y hablaron de cómo habían pasado el fin de semana.

La doctora Josefina y Juan, el promotor de salud, saludaron a los participantes y dieron inicio a su plática.

Para empezar, preguntaron a los participantes: ¿cada cuándo visitan al médico? ¿Cómo evalúan si el desarrollo de sus hijos es el adecuado? ¿Les han puesto todas las vacunas que necesitan? ¿Se han preguntado si su casa es un lugar seguro contra accidentes? ¿A qué peligros están expuestos ustedes y sus hijos en el camino a la escuela o al trabajo? ¿Qué hacen para evitar peligros y riesgos?

Después de un tiempo en que todos hablaron de sus experiencias y reflexiones, la plática del personal tomó el siguiente giro:

Actuar para prevenir

Como ya vimos, tener prácticas saludables en la familia ayuda a que sus miembros estén sanos. Sin embargo, esto no es suficiente, por lo que se deben efectuar acciones para prevenir enfermedades.

Las acciones de prevención han erradicado enfermedades que antes ocasionaban la muerte. Estas acciones son fáciles de realizar y evitan problemas graves si las efectuamos a tiempo.

Para prevenir enfermedades existen acciones específicas que ayudan a evitarlas o a detectar con oportunidad la presencia de algún problema de salud que afecte a los niños, adolescentes, adultos, o adultos mayores.

Entre las principales acciones preventivas se encuentran:

- La vigilancia del crecimiento y desarrollo.
- La vacunación.
- La prevención de accidentes.
- Las visitas regulares y oportunas a la unidad de salud.

Vigilancia del crecimiento y desarrollo

No hay nada más fascinante que observar cómo crecen y se desarrollan nuestros hijos y nuestras hijas. Para estar seguros de que están creciendo y desarrollándose de manera adecuada es indispensable llevarlos a la unidad de salud, donde los pesarán, medirán y evaluarán.

Para vigilar el crecimiento se utilizan tablas de peso y talla según la edad. Es un método sencillo y confiable que permite saber si los niños están creciendo adecuadamente.

El desarrollo se manifiesta en cambios físicos, mentales y emocionales, y en conductas que deben presentar como sonreír, girar la cabeza, gatear, caminar, etcétera.

¿Cuándo fue la última vez que pesó y midió a sus hijos?

Durante el primer año de vida es muy importante llevar a niñas y niños a su control de peso y talla: a los siete días de nacidos, así como a los dos, tres, seis, nueve y doce meses de edad. A partir del segundo año de vida este control será cada seis meses, pero si Ustedes observan que sus hijos dejan de crecer o pierden peso, acudan de inmediato al médico. En la Cartilla Nacional de Vacunación se registran los datos de su crecimiento y desarrollo.

Sabían que... Al año de edad las niñas y los niños en general duplican el peso que tenían al nacer.

Una forma sencilla de saber cómo están creciendo sus hijos, cuando ya se sostienen de pie, es medirlos cada mes en su casa. Lo más fácil es ir marcando su estatura en una pared o atrás de una puerta.

Desarrollo

Existen indicadores sencillos que nos ayudan a seguir el desarrollo de los menores. Es importante observar si su hija o hijo manifiestan las conductas que se muestran en la tabla siguiente. Si es posible, anoten cuándo se fueron presentando.

EDAD	CONDUCTAS
0 a 3 meses	• Llora, emite sonidos • Mira a la cara, sonríe • Sigue con la vista objetos • Boca abajo, levanta la cabeza
4 a 6 meses	• Balbucea da-da, ta-ta • Busca la fuente de un sonido • Intenta tomar cosas con las manos • Sostiene su cabeza • Se sienta con ayuda
7 a 9 meses	• Encuentra objetos que se le esconden • Toma objetos con la mano • Se sienta solo
10 a 12 meses	• Toma las cosas con los dedos en pinza • Gatea • Se para apoyado en algún mueble
13 a 18 meses	• Camina • Dice algunas palabras • Sube escaleras gateando
19 a 24 meses	• Señala algunas partes de su cuerpo • Cumple órdenes sencillas • Se alimenta con una cuchara
2 a 4 años	• Construye frases sencillas • Se lava las manos • Empieza a avisar para ir al baño

Estimulación

Para lograr un mejor desarrollo es importante estimular a las niñas y a los niños desde pequeños. Para estimularlos:

- Llámenlos por su nombre.
- Cuelguen objetos de colores brillantes en su cuna, pero que sean de tamaño, material y peso que no los lastimen si se descuelgan o si los meten en su boca.
- Pónganles música y cántenles.
- Acarícienlos con frecuencia.
- Bailen con ellos.
- Cuando los bañen, díganles el nombre de las partes del cuerpo.
- Jueguen con ellos.
- Hablen con ellos.
- Llévenlos con frecuencia a algún parque.

Mamá y Papá: ¿cómo estimulan Ustedes a sus hijos para favorecer su desarrollo?

Lleven un registro del desarrollo de sus hijos. Será un bonito recuerdo para Ustedes y ellos, e información muy útil para su médico.

Es necesario tener en cuenta que el crecimiento y desarrollo de cada niña o niño dependen en gran medida de su alimentación y estado de salud, la estatura de sus padres, la alimentación de su madre durante el embarazo y la lactancia, y el cariño y la motivación que reciban.

Si su alimentación es correcta, su crecimiento y desarrollo serán normales; si es producto de un embarazo sin problemas, tendrán mejores condiciones de salud. Si su ambiente familiar es tranquilo y afectuoso, se desarrollarán sanamente, su capacidad de aprendizaje será mayor y se sentirán más seguros de sí mismos.

Vacunación

Las vacunas son sustancias biológicas que se toman o inyectan para hacer que nuestro cuerpo produzca defensas contra enfermedades graves o mortales. Por esto es importante que todos los niños y las niñas reciban las vacunas que les corresponden antes de cumplir el año de vida. Durante este tiempo tienen mayor riesgo de enfermarse y menos probabilidades de sobrevivir. Después del año se aplican dosis de las mismas vacunas para reforzar las defensas del organismo contra las enfermedades. En la edad adulta se deben aplicar otras vacunas.

Al registrar el nacimiento de un niño se entrega a los padres la Cartilla Nacional de Vacunación, la cual sirve para que lleven el control de las vacunas que se han aplicado y saber cuándo tienen que regresar a la unidad de salud para ponerles las otras. Todas estas vacunas son gratuitas en los servicios médicos públicos.

Las vacunas que se registran en la Cartilla son:

BCG	Contra la tuberculosis
Sabin	Contra la poliomielitis
Pentavalente	Previene difteria, tos ferina, tétanos, hepatitis B e infecciones por H. influenzae B
DPT	Refuerzo contra difteria, tos ferina y tétanos
Triple viral	Contra sarampión, rubéola y parotiditis
SR	Adicionales contra sarampión y rubéola
TD	Refuerzo contra tétanos y difteria

Es muy importante recordar que las enfermedades que estas vacunas evitan son muy graves y pueden causar la muerte, por eso es esencial la aplicación oportuna de las vacunas.

En nuestro país se realiza tres veces al año la Semana Nacional de Salud para aplicar diferentes tipos de vacunas. Aprovéchenlas para llevar a sus hijos a vacunar.

Mamá y Papá: revisen que sus hijos estén protegidos contra enfermedades estando al corriente en sus vacunas.

Prevención de accidentes

Los accidentes son la causa más frecuente de muerte desde los cinco hasta los 60 años de edad. En los niños, por cada muerte debida a un accidente hay más de 500 accidentes no mortales, que pueden provocar lesiones que los incapacitan, a veces para toda la vida. Los accidentes ocurren con mayor frecuencia en el hogar, en la escuela y en la vía pública.

El descuido humano está presente en el 90 por ciento de los accidentes, lo que significa que nueve de cada diez podrían evitarse. Cerca de la mitad de los accidentes sucede en el hogar.

Se llama prevención de accidentes a la adopción de medidas para disminuir el riesgo de sufrirlos. Es importante identificar las situaciones que pueden propiciar accidentes para corregirlas o evitarlas.

¿Cuántos accidentes se han presentado en su casa, y cómo se habrían evitado?

Los padres tienen la obligación de proporcionar a las niñas y los niños un ambiente de seguridad, enseñándoles desde pequeños a conocer sus habilidades y limitaciones, a identificar los riesgos y a evitarlos.

Durante los primeros años de vida la seguridad de los niños está en manos de los adultos. Por eso es muy importante la elección de la ropa, el mobiliario y los juguetes, el sitio donde se colocan y el lugar donde estudian y juegan, además de la vigilancia continua por parte de sus padres y maestros para que su ambiente sea seguro.

La curiosidad de las niñas y los niños es ilimitada, quieren descubrir y relacionarse con el medio ambiente a través de todos sus sentidos, tocan y prueban todo. De ahí la importancia de no dejar a su alcance objetos, medicamentos o sustancias que puedan dañarlos.

A los menores se les debe explicar que hay situaciones que ponen en riesgo su vida o su integridad, e informarles por qué se les prohíbe que efectúen ciertas actividades. Mientras más pronto lo entiendan, habrá menos posibilidades de que corran riesgos, aun cuando no estén acompañados.

Los accidentes más frecuentes

En el hogar las caídas son los accidentes más frecuentes. Las causas más comunes que los ocasionan son juguetes, cáscaras, líquidos y en general cualquier objeto que se encuentre en el piso. También son peligrosas las azoteas, escaleras, terrazas y ventanas sin protección.

Las quemaduras son frecuentes en el hogar. Pueden ser graves, dejar cicatrices o causar la muerte. La mayor parte ocurre en las cocinas o al contacto con aparatos eléctricos, apagadores, velas, veladoras, cerillos, encendedores y calentadores, o por jugar con cohetes.

Las intoxicaciones y envenenamientos ocurren comúnmente a causa del uso de medicamentos no recetados por el médico, por dejar los medicamentos y sustancias tóxicas al alcance de los niños, o por guardarlos en envases de refresco.

En los niños también puede haber ahogamiento por la ingestión de monedas, canicas, botones, u otros objetos pequeños. Los niños pueden ahogarse en tinas de baño, albercas o ríos si no se tiene el debido cuidado.

También son frecuentes los atropellamientos, causados por no obedecer las señales de tránsito, ya sea como conductor o como peatón. Para evitarlos es necesario cruzar las calles con cuidado y enseñar a los niños a viajar sentados en el asiento posterior, siempre con el cinturón de seguridad, y a respetar las señales de tránsito.

Medidas de prevención

- Poner fuera del alcance de los niños sustancias tóxicas como insecticidas, productos de limpieza, gasolina, tíner y aguarrás.
- Reparar los cristales de las ventanas cuando se rompan.
- Dejar fuera del alcance de los niños contactos o enchufes, planchas u otros aparatos eléctricos.
- Procurar que los pisos puedan lavarse y limpiarse con facilidad, y que no sean resbalosos.
- Tapar los tinacos o tanques donde se almacena el agua.
- No comprar juguetes inflamables o peligrosos, y saber para qué edad se recomienda el juguete.
- Tener cuidado con los cuchillos, machetes y otros utensilios cortantes, y ponerlos fuera del alcance de los niños.
- Enseñar a nadar a los niños para evitar ahogamientos.
- Evitar que los niños jueguen cerca de la estufa o del fogón.
- Los niños deben viajar en el asiento posterior del coche y utilizar el cinturón de seguridad.
- No arrojar cáscaras o cualquier otro alimento al piso.

- Enseñarles a cruzar las calles y a no jugar en el paso de los coches.
- Tener cuidado con las máquinas y los instrumentos de cultivo.
- Tener un botiquín de primeros auxilios a la mano, y la dirección de la unidad de salud más cercana donde puedan atender una emergencia.
- No fumar en la recámara.
- Si toma, no maneje; si maneja, no tome. La mayor parte de los accidentes en la vía pública se relacionan con el consumo de bebidas alcohólicas.

Si bien los accidentes se presentan con mayor frecuencia en los niños, los adultos también están expuestos, por lo que es importante tener precauciones. En un porcentaje muy alto de accidentes de tránsito, el alcohol está presente. Si la familia va a asistir a alguna fiesta, es importante designar a algún adulto para que no beba ese día y sea el encargado de manejar. Y no sobra decir que lo más indicado para los adultos que ingieren alcohol es la moderación.

Mamá y Papá: enseñen a sus hijos a reconocer los riesgos y a evitarlos. Recuerden que los niños son curiosos y deben estar siempre al cuidado de un adulto.

No olviden que todos en la familia deben:

- Protegerse y evitar los riesgos que provocan accidentes.
- Obedecer todas las reglas y normas que promueven la seguridad de las personas.
- Identificar los riesgos que pueden existir en la casa y realizar las acciones necesarias para reducirlos.

Cada familia debe tener un botiquín para cualquier emergencia, que contenga materiales básicos necesarios para proporcionar los primeros auxilios mientras se busca ayuda médica, y debe estar en un lugar accesible para los adultos, pero fuera del alcance de los niños pequeños. Es recomendable que los adultos tomen un curso de primeros auxilios.

Lista de material básico de un botiquín:

- Alcohol
- Agua oxigenada
- Bolsa de plástico para desechos
- Curitas
- Gasas estériles
- Gasas en rollo
- Yodo
- Jeringa
- Jabón neutro
- Venda elástica de 5 y 10 cm
- Tela adhesiva
- Sobres de Vida Suero Oral
- Termómetro
- Tijeras

Visitas al médico

La detección oportuna de enfermedades permite identificarlas en su fase temprana y evitar que avancen y ocasionen más daño. También es fundamental para la rehabilitación que las discapacidades se detecten lo más pronto posible. La rehabilitación oportuna ayuda a las personas a valerse por sí mismas.

Todos los miembros de la familia deben acudir de manera regular a su revisión médica. Al recién nacido se le debe llevar a los siete días, a los 28 días y a los dos, cuatro, seis, nueve y doce meses de edad. Es importante que en estas consultas lo pesen, lo midan, revisen sus oídos, su boca, sus movimientos, el color de su piel, que revisen su Cartilla Nacional de Vacunación y, si es necesario, lo vacunen. Si se tiene alguna duda sobre el cuidado del recién nacido, es el momento de informarse. Pregunten sobre la forma de estimularlo para lograr su mejor desarrollo.

Los niños de uno a seis años deben acudir a la unidad de salud cada seis meses, principalmente para vigilar su peso y su talla, verificar que tengan completo su esquema de vacunación, y practicarles pruebas para saber si tienen caries o problemas para ver, oír o hablar, así como defectos en su postura. En el caso de los escolares y los adolescentes es importante que continúen con las visitas al médico una vez al año.

Los adultos también deben asistir a revisiones por lo menos una vez al año. En el caso de las mujeres es necesario realizarse el estudio llamado Papanicolau y la revisión mamaria, los cuales identifican a tiempo el cáncer cérvico-uterino y de las mamas. Además, es importante que las pesen y midan, les tomen la presión arterial y les hagan pruebas para conocer el nivel de azúcar en la sangre, el colesterol y la densidad ósea para detectar osteoporosis (debilidad de los huesos por descalcificación).

Los adultos mayores deben acudir al médico por lo menos una vez al año. Estas visitas se deben llevar a cabo aun cuando la persona se sienta bien. En caso de padecer alguna enfermedad, el médico indicará la frecuencia de las visitas, de acuerdo con su evolución.

Mamá y Papá: los invitamos a solicitar y conocer las cartillas de salud. Son muy útiles para llevar un registro de las acciones preventivas que hemos comentado. Además, ayudarán a su médico a conocer los resultados de las pruebas que les hayan practicado y así detectar con oportunidad enfermedades y problemas de salud. No olviden que las cartillas son gratuitas.

La tercera plática sobre cómo cuidar la salud se centró en las enfermedades más frecuentes. Comenzó recordando los problemas de salud que habían tenido los miembros de las familias de los participantes en el último mes. Fue interesante constatar que sus experiencias eran similares, y que en parte se explicaban por la época del año, el tipo de alimentación, la edad, el medio ambiente en que viven y los cuidados que cada uno ha recibido.

A esta sesión llegaron nuevos participantes: un grupo de jóvenes que se interesaron en lo que sus padres les comentaron sobre las pláticas. Además, supieron que iban a tratar algunos asuntos acerca de los adolescentes y su salud, por lo que mostraron mayor interés.

Mamá y Papá: ¿cuáles son los problemas de salud que ha enfrentado su familia en el último mes? ¿Cómo se relacionan con las condiciones y los hábitos de su familia? ¿Qué han hecho para atenderlos?

Diferentes etapas de la vida

Cuando las personas se enferman casi siempre presentan algunas molestias o dolencias, señales que el cuerpo manda para avisarnos que no está funcionando bien. Estas molestias se llaman síntomas, y entre los más comunes están el dolor, la fiebre, el cansancio, la falta de apetito, la tristeza. Cuando algún miembro de la familia presenta alguna de estas molestias, es importante que acuda al médico para que lo revisen y le den el tratamiento adecuado. En ocasiones, aun cuando existe la enfermedad, no se presentan síntomas visibles. A estas enfermedades se les llama silenciosas; afectan todo el cuerpo y pueden ocasionar la muerte, por lo que es importante, aunque no parezca que esté enfermo, asistir de manera regular al médico.

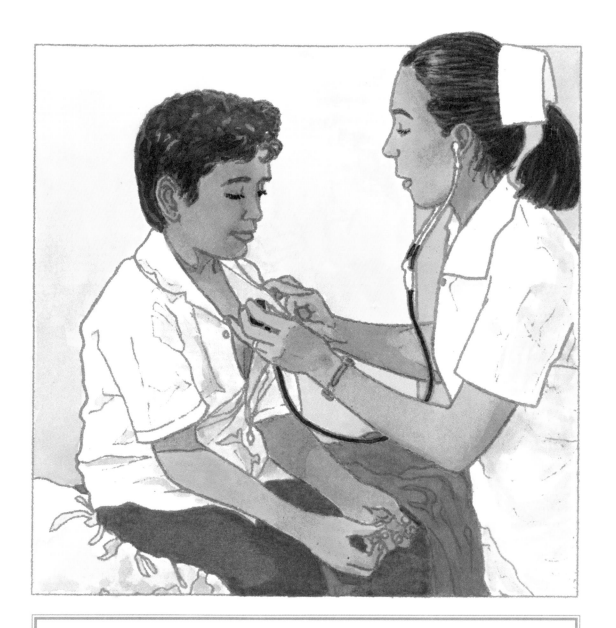

Para evitar el contagio de enfermedades transmisibles es necesario:

- No usar objetos personales de otros como cepillo de dientes, ropa, pañuelos o rastrillos de afeitar.
- Taparse la boca al estornudar o toser.
- Lavarse las manos con frecuencia.
- No asistir a lugares muy concurridos y cerrados.
- Lavar por separado la ropa y los utensilios de las personas enfermas.

Las enfermedades se pueden dividir en dos grandes grupos:

Las enfermedades transmisibles son causadas por microorganismos como bacterias, virus y hongos, que al entrar en contacto con el organismo se reproducen causando una infección. La transmisión puede ocurrir de manera directa con una persona enferma, a través de la saliva u otras secreciones del cuerpo, o de manera indirecta al ingerir alimentos contaminados, o por picaduras de insectos.

Las enfermedades no transmisibles no son causadas por microorganismos y por tanto no se contagian entre personas. Dentro de éstas se encuentran las crónicas como la diabetes, la hipertensión o el cáncer, las enfermedades mentales, las géneticas, las alergias y las lesiones, entre otras.

Los niños

Los principales problemas de salud que afectan a los niños son la desnutrición, las diarreas, las enfermedades respiratorias y los accidentes.

Cuando la niña o el niño no reciben una alimentación suficiente en calidad o cantidad, o no incluye los tres grupos de alimentos, dejan de crecer y pesan menos de lo que deben. A esto se le llama desnutrición.

La desnutrición se presenta sobre todo en niños que nacen con bajo peso, es decir, menos de 2.5 kilos. Además, algunos de estos niños no recibieron lactancia materna, o sólo por poco tiempo; tienen una alimentación complementaria insuficiente o que se inició de manera tardía. La desnutrición también se presenta cuando se enferman con mucha frecuencia.

 Las niñas y los niños desnutridos no crecen, están tristes, no juegan, no comen, lloran mucho y se enferman con frecuencia.

Según sea el grado de desnutrición, el tiempo que ésta dure y la edad en que se presente, puede afectar de manera permanente el crecimiento de los menores, su capacidad para aprender, su capacidad física, así como hacer que aumente su riesgo de muerte.

Si la niña o el niño tienen menos de dos años, continúen dándoles leche materna, además de otros alimentos. Si ya no les dan leche materna, denles por lo menos dos vasos de otro tipo de leche al día y tres comidas principales y dos refrigerios, uno a media mañana y otro a media tarde. Incluyan alimentos de los tres grupos, por lo menos uno de cada grupo. Los alimentos deben estar preparados higiénicamente y de manera sencilla, variada y atractiva para estimular su apetito. Eviten darles alimentos muy condimentados o grasosos.

Si sus hijos tienen diarrea, tos o cualquier otra enfermedad, es importante no suspender la alimentación e insistirles que coman, sin presionarlos. Si tienen alguna duda en cuanto al tipo de alimentación que deben darles cuando se enferman, pregúntenle al médico.

Si observan que sus hijos dejan de crecer, pierden peso y están decaídos, llévenlos de inmediato al médico, y sigan todas sus recomendaciones.

Obesidad

La obesidad es un trastorno de la alimentación cada vez más fecuente en niñas y niños. Ocurre por comer más de lo que el cuerpo necesita y por no realizar suficiente actividad física. Por lo general se asocia con problemas emocionales que provocan ansiedad.

Cuando se come de más, el cuerpo almacena el exceso en forma de grasa, la cual se acumula en distintas partes del mismo, y se empieza a subir de peso.

El consumo excesivo de los llamados "alimentos chatarra" como golosinas, botanas, refrescos y frituras, que con frecuencia se anuncian y consumen, es un factor importante en la aparición del problema.

La obesidad propicia enfermedades como diabetes, presión alta y enfermedades del corazón, entre otras, sobre todo en la vida adulta.

Para evitar la obesidad es importante:

- No comer en exceso alimentos que contengan grasa o azúcar, como son refrescos y frituras.
- Hacer ejercicio todos los días.
- Comer en forma ordenada y en horarios fijos.
- Pesarse de manera regular para detectar cambios.

Diarreas

La diarrea sigue siendo en nuestro país un problema importante de salud en los menores. Consiste en defecar más veces al día de lo acostumbrado y en que el excremento sea aguado o líquido. En ocasiones puede estar mezclado con moco o sangre, y acompañarse de dolor y deseos de pujar.

Las principales causas de la diarrea son la falta de higiene, el uso de agua contaminada, el manejo inadecuado de la basura y los excrementos humanos.

Para prevenir la diarrea es necesario:

- Lavarse las manos antes de cocinar, servir o comer alimentos, y después de ir al baño o cambiar pañales.
- Hervir o clorar el agua para beber.
- Lavar verduras y frutas al chorro de agua limpia.
- Cocer bien los alimentos, sobre todo las carnes, y recalentar hasta que hiervan los que ya fueron cocinados.
- Comprar los alimentos frescos sólo en la cantidad que se vaya a necesitar en el día.
- Conservar los alimentos en el refrigerador o en lugares frescos.
- Mantener fuera de la casa los animales domésticos como perros, gatos, gallinas y conejos.
- Guardar la basura en botes o cajas con tapa para evitar cucarachas, moscas o ratas.
- Mantener limpios los baños, letrinas, excusados o pozos para desechos sólidos.
- No comer alimentos en la calle ni en lugares que no estén limpios.

El peligro más grande de la diarrea es la deshidratación o falta de agua y sales en el organismo, por lo que es necesario beber la mayor cantidad posible de líquido y continuar con la alimentación habitual, evitando alimentos condimentados, grasosos y picantes.

Los signos que permiten saber si el niño se está deshidratando son:

- Decaimiento o irritabilidad.
- Llanto sin lágrimas.
- Mucha sed.
- Lengua y labios secos.
- Ojos hundidos.
- A los niños pequeños también se les hunde la mollera.
- Orina oscura y en poca cantidad.
- Piel reseca y poco elástica.

Ante cualquiera de estas señales, es urgente que le administren líquidos, de preferencia el Vida Suero Oral, y que acudan a la unidad de salud o al hospital más cercano para evitar que se agrave y pueda morir en poco tiempo.

Cómo preparar el Vida Suero Oral

- En un litro de agua hervida o clorada se vierte el contenido de un sobre Vida Suero Oral.
- Se disuelve con una cuchara hasta que el agua quede cristalina.
- Se le da al niño o la niña todo el tiempo que dure la diarrea, poco a poco a cucharaditas durante todo el día.
- Tirar el sobrante y al día siguiente, si es necesario, preparar más.
- No dejen de darle leche materna o los alimentos que el médico los indique; así evitarán que sufra desnutrición.

Infecciones respiratorias agudas

Las infecciones respiratorias son una de las principales causas de enfermedad y de muerte infantil, sobre todo cuando no están bien alimentados y por eso tienen pocas defensas.

Las infecciones respiratorias son causadas por virus y bacterias que se adquieren por contagio mediante la saliva que una persona arroja al hablar, toser o estornudar, o cuando se usan platos, tazas, vasos o cucharas contaminados. Las más frecuentes son catarro (resfriado o gripe), amigdalitis, infecciones del oído, bronquitis y neumonía. En general se manifiestan por fiebre, tos, malestar general, dolor de oídos, dolor de garganta y secreción nasal.

Para evitar infecciones respiratorias agudas sigan estas recomendaciones:

- Mantengan la lactancia materna por lo menos hasta los cuatro meses de edad. Después sigan con leche materna e incorporen otros alimentos.

- Después del año continúen alimentándolo con los tres grupos de alimentos. Un niño bien alimentado tiene menos probabilidades de enfermarse o morir a causa de infecciones respiratorias.

- Para protegerlo de algunas infecciones respiratorias cuiden que reciba todas la vacunas de la Cartilla Nacional de Vacunación, entre ellas las de influenza, tos ferina, tuberculosis, difteria y sarampión.

- Abriguen a su hijo en época de frío.

- No lo expongan a los cambios bruscos de temperatura. Eviten quemar leña o carbón en el interior de la casa.

- Denle muchos cítricos, como naranja, toronja, mandarina y guayaba.

- No lo lleven a lugares muy concurridos.

- No fumen en lugares donde se encuentren niños ni expongan a su hijo a lugares donde haya humo.

Las enfermedades respiratorias requieren atención médica inmediata. No lleven a los niños a la escuela si tienen alguna enfermedad respiratoria. Procuren que descansen y eviten que les den corrientes de aire. Los niños se pueden bañar, teniendo cuidado de evitar cambios bruscos de temperatura. Sigan las recomendaciones del médico y no les den medicamentos por su cuenta. Si tienen alguna duda, pregunten a su médico.

Caries dental

La caries dental es otro de los problemas de salud más frecuentes en esta etapa de la vida. Se produce por no lavarse los dientes después de cada comida. Esta falta de higiene bucal hace que proliferen las bacterias y se forme el sarro que destruye el esmalte de los dientes y provoca picaduras, es decir, caries.

Los malos hábitos alimentarios, como el consumo excesivo de dulces, refrescos, chocolates y postres muy azucarados contribuyen a producir caries.

No cepillarse los dientes, o hacerlo de manera incorrecta, favorece la acumulación de residuos de comida y la formación de una capa que se adhiere a los dientes llamada placa dentobacteriana, cuya acción produce la caries. La placa pica y carcome poco a poco las piezas dentales, causando dolor. Si no se curan a tiempo, se pierden.

Además de la caries, la inflamación de las encías es otro problema bucal frecuente, el cual causa pérdida de dientes y mal aliento.

Cómo cepillar los dientes

- Los dientes de arriba se cepillan hacia abajo.
- Los dientes de abajo se cepillan hacia arriba.
- Las muelas se cepillan en forma circular y de adentro hacia fuera de la superficie de la muela.
- El cepillado no debe durar más de cinco minutos.
- Usar el cepillo solo o con pasta y enjuagar la boca después del cepillado.
- Es conveniente usar hilo dental para limpiar entre los dientes.

Para que sea efectiva la limpieza de los dientes y molares debe cepillarse la cara interna, externa y la que mastica, y empezar desde la encía.

Es recomendable iniciar el cepillado siempre en el mismo lugar para asegurarse de haber limpiado todos los dientes superiores e inferiores.

Éste es un hábito muy importante que se debe inculcar en cuanto aparecen los primeros dientes. Es necesario que las niñas y los niños acudan al dentista cada seis meses para su revisión.

La vista

El ser humano se relaciona con el mundo que lo rodea mediante los sentidos. Uno de los más importantes es la vista. La deficiencia de la vista puede limitar severamente el aprendizaje y el rendimiento escolar. Los trastornos de la vista afectan a dos de cada diez escolares, y uno de éstos requiere lentes con urgencia. La detección oportuna de problemas visuales es sencilla. Acudan a su unidad de salud.

Para cuidar la vista es necesario:

- Cuidar que el sitio o cuarto donde se lee y escribe esté bien iluminado, pero que no se refleje directamente el sol en el papel o la pantalla.
- Evitar ver la televisión muy de cerca o durante mucho tiempo.
- No tallar los ojos con las manos sucias.
- No exponer los ojos a golpes o picaduras.
- No utilizar lentes cuando juegue de manera brusca.
- Ir al médico cuando tenga mucha lagaña o los ojos muy irritados, pues puede ser señal de infección.

Los trastornos más frecuentes de la vista son:

Miopía. El niño no ve bien de lejos y se acerca mucho a los objetos para distinguirlos mejor.

Hipermetropía. El niño no ve bien de cerca, tiene dificultad para leer, ojos enrojecidos y dolor de cabeza después de leer.

Astigmatismo. El menor tiene que fruncir los ojos o ladear la cabeza para ver bien, porque ve que la imagen se distorsiona, se alarga o se acorta. En algunos casos presenta dos problemas al mismo tiempo, como astigmatismo e hipermetropía.

Cómo detectar si su hijo tiene un problema visual

- Se acerca mucho al libro o cuaderno para leer o escribir.
- Le lloran los ojos o se le enrojecen cuando lee.
- Confunde las letras y los números.
- Entrecierra los ojos o ladea la cabeza para ver mejor.
- Se frota los párpados a menudo.
- Le duele la cabeza frecuentemente.

Si presenta algunos de estos síntomas, llévenlo al médico para que revise su vista y, en caso necesario, le indique usar lentes. Si los requiere, es importante que los manden a hacer cuanto antes, que el niño los use regularmente y que, aun cuando no tenga problemas aparentes, le revisen la vista cada año.

El oído

Cuando el niño no escucha bien o tiene dificultad para hablar o modular su voz, se aísla y no se relaciona con los demás. Este problema es más frecuente de lo que se cree porque afecta a dos de cada diez niñas o niños y sus causas más frecuentes son:

- Tapones de cerumen (cerilla) u objetos extraños en el conducto auditivo.
- Membranas del tímpano rotas como consecuencia de infecciones respiratorias mal atendidas.
- Complicaciones de enfermedades como sarampión o paperas.
- Golpes, ruidos muy intensos, música a volúmenes muy altos y efectos de algunos medicamentos usados con anterioridad.

Pueden sospechar de la presencia de algún problema de oído cuando:

- No responde a la voz normal y tienen que hablarle más fuerte.
- Es necesario repetirle varias veces las indicaciones.
- Observa constantemente la cara y los labios de quienes le hablan, tratando de interpretar lo que dicen.
- Gira la cabeza para tratar de escuchar mejor.
- Varía el tono y volumen de la voz.

Si observan alguno de estos signos, llévenlo con el médico para que le practiquen un estudio y les diga qué hacer para mejorar su audición. Existen aparatos que una persona puede utilizar para escuchar mejor.

Para cuidar el oído es importante:

- Escuchar música y televisión a bajo volumen.
- Hablar sin gritar.
- No golpearse las orejas.
- Evitar jugar con cohetes y petardos.
- No introducir objetos en el oído.
- Atender oportunamente las infecciones respiratorias.

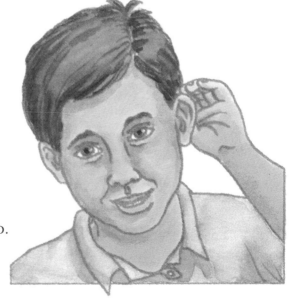

Las niñas y los niños que tienen limitaciones de la vista o la audición tienen derecho de asistir a la escuela. Su educación los fortalece.

 Mamá y Papá: detecten oportunamente dificultades de la vista y el oído y busquen la atención necesaria para superarlas o compensarlas.

La postura

Los problemas de postura más frecuentes afectan en promedio a uno de cada cinco niños o niñas. La buena postura es un hábito que se debe promover desde una edad temprana, por lo que es importante vigilar e inculcar en sus hijos que:

- Se sienten y se paren derechos.
- Caminen erguidos.
- Usen zapatos cómodos y a la medida.
- No levanten objetos pesados.
- Carguen la mochila en la espalda para distribuir el peso correctamente.
- Se sienten correctamente para escribir y leer, es decir, con la espalda pegada al respaldo y los pies en el suelo.
- Hagan ejercicio.

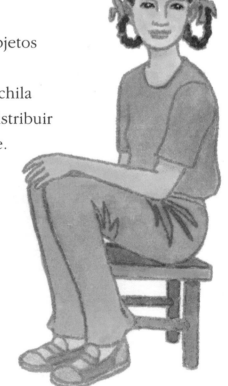

Enfermedades de la piel

La piel es un órgano que protege el cuerpo, le ayuda a controlar la temperatura y a eliminar desechos a través del sudor, y lo defiende de infecciones; es nuestra imagen externa y reflejo de la salud.

La piel puede ser dañada por muchas sustancias, insectos y otros agentes agresores. Los principales problemas de la piel son:

- Hongos en la cabeza (tiña), ronchas, costras amarillas y comezón en el cuero cabelludo.
- Hongos en los pies o pie de atleta. Los pies tienen mal olor, sudoración, comezón, despellejamiento entre los dedos o en las plantas, y grietas.
- Hongos en el cuerpo que se manifiestan con manchas claras y bordes enrojecidos, comezón, piel áspera y reseca.
- Infección por bacterias (impétigo), ronchas en la piel, costras amarillentas, puntos de pus alrededor de la boca, oídos y nariz.
- Urticaria (alergia); consiste en grandes ronchas con comezón en la cara, tronco y piernas. En casos graves, también se inflaman los labios y los párpados.

Estos problemas con frecuencia se deben a la falta de higiene.

Recomendaciones

La salud empieza por la casa. Para proteger su salud y preservarla, deben fomentarse en la familia hábitos higiénicos y saludables.

- Tengan cuidado con los remedios caseros que se aplican en la piel porque pueden traer complicaciones.
- Las manchas blancas suelen indicar falta de vitaminas o anemia. Mejoren la alimentación de su hija o hijo dándoles de comer diariamente verduras y frutas, huevo, leche y algo de carne o vísceras como hígado.
- Eviten el uso de ropa y peines de personas enfermas.
- Si hay epidemia de sarna, refuercen la higiene personal y del hogar, y acudan al médico.
- No usen zapatos de hule si sufren pie de atleta.
- Séquense bien los pies y si van a baños públicos, pónganse sandalias.
- Si presentan síntomas, acudan de inmediato al médico y sigan correctamente el tratamiento indicado.

Problemas de conducta

Algunos trastornos de conducta de los niños se originan por problemas en el hogar, como violencia o desintegración familiar, y afectan su aprovechamiento y desarrollo integral. Si no se atienden oportunamente, pueden ocasionar fracaso escolar y conductas violentas o adictivas.

La convivencia cotidiana permite a las madres y los padres reconocer algunas conductas que pueden indicar que su hijo tiene un problema, por ejemplo:

- Cambios bruscos de carácter.
- Se aísla frecuentemente, tiene pocos amigos o problemas para hacer amigos.
- Es agresivo, se pelea con frecuencia.
- Es rebelde y desobediente.
- Toma cosas que no son suyas sin pedirlas.

- No participa ni colabora en actividades familiares y escolares.
- Es desconfiado.
- Descuida su arreglo personal.
- Es sucio y desordenado.
- Se siente relegado.
- Es apático.
- Rompe con frecuencia reglas y normas establecidas.

Qué hacer en estos casos

- Platiquen todos los días con su hija o hijo y denles atención y cariño.
- Estén al tanto de su comportamiento fuera de casa y conozcan a sus amistades.
- Acudan a la unidad de salud y a la escuela de sus hijos para recibir orientación.

Recuerden que...Cuando la niña o el niño tienen fiebre, diarrea, vómito, alguna erupción en la piel, se quejan de dolor de cabeza, de oídos, tienen tos o catarro, se ponen amarillos, están muy decaídos o sin ganas de jugar, es mejor que no vayan a la escuela y que los lleven a la unidad de salud. Pregunten al médico cuánto tiempo deben quedarse en casa para ayudarlos a recuperar su salud y evitar, en caso de que se trate de alguna enfermedad contagiosa, que se la transmitan a sus compañeros o maestros.

Nunca les den medicamentos que no hayan sido recetados por el médico. Sigan las instrucciones que él estableció.

La mejor ayuda que Ustedes pueden brindar a los suyos para recuperar su salud es darles afecto y los cuidados que recomendó el médico.

En los adolescentes

La adolescencia es el periodo de transición entre la niñez y la edad adulta, es la etapa de cambios físicos y estructurales, en la que se completa el crecimiento y desarrollo, se alcanza la capacidad de reproducción y se refuerza la identidad propia.

Es muy importante la información que los padres de familia puedan brindar a sus hijos adolescentes para que reciban orientación sencilla y veraz de lo que les está sucediendo.

Al llegar a la adolescencia los jóvenes están en riesgo de incurrir en conductas no saludables, como las adicciones. También durante esta etapa se preocupan por verse bien y por imitar a otras personas: amigos, músicos, actores, deportistas, entre otros. Dicha preocupación puede resultar en trastornos alimentarios como la anorexia y la bulimia.

Anorexia y bulimia

La anorexia y la bulimia son trastornos que se manifiestan mediante cambios en la conducta alimentaria. Se presentan con mayor frecuencia en las mujeres adolescentes.

Estos trastornos siempre van acompañados de problemas emocionales. Sus consecuencias son graves tanto para la salud física y mental de quien las padece como para su familia.

Los adolescentes anoréxicos se rehúsan a comer, tienen temor a engordar y una fuerte distorsión de su imagen corporal, es decir, se sienten gordos, aunque en realidad estén muy delgados. La anorexia se caracteriza por muy bajo peso, cabello reseco, vello excesivo, coloración azulosa de manos y pies, trastornos en la menstruación, entre otros signos.

La bulimia nerviosa se presenta cuando el adolescente tiene preocupación exagerada por su peso y su figura, consume grandes cantidades de comida en corto tiempo y de manera incontrolable, lo que le causa un sentimiento de culpa que lo lleva a provocarse vómito.

Además, los bulímicos usan purgas diuréticas y lavativas, se someten a dietas muy escasas o ayunos, y realizan ejercicio de manera exagerada para no subir de peso.

Las madres y los padres de familia debemos vigilar los hábitos alimentarios de nuestros hijos. Observemos si alguno presenta las siguientes conductas de riesgo:

- Tiene obsesión por su peso y apariencia física.
- Tiene terror a subir de peso.
- Se brinca comidas o ayuna con frecuencia.
- Está permanentemente a dieta para no subir de peso.
- Acostumbra comer compulsivamente cuando está triste, enojado, molesto, angustiado, frustado.
- Se pesa varias veces al día.
- Calcula las calorías y peso de los alimentos que consume y los limita.
- Evita comer con la familia y los amigos.
- Hace comentarios ofensivos sobre su persona.
- Deja de hacer actividades que le gustaban.
- Su peso ha bajado o variado de manera notable.

Todos estos signos son señales de alarma que las madres y los padres debemos tener en cuenta para acudir al médico.

Brindemos en todo momento afecto y comprensión al adolescente que padece anorexia o bulimia.

Adicciones

Existe una adicción cuando la persona toma o usa alguna sustancia que le provoca dependencia, es decir, necesita usarla para sentirse bien. Las adicciones no sólo son un problema de salud, sino un problema social que afecta a muchas familias. Cada vez es más frecuente encontrar personas adictas al tabaco, al alcohol, a pastillas tranquilizantes o a otro tipo de sustancias.

Las adicciones generalmente se inician por la invitación de amigos, por curiosidad o por experimentar nuevas sensaciones mediante sustancias adictivas. Cuando los adolescentes son maltratados, no son atendidos ni comprendidos, no asisten a la escuela, son inseguros, no tienen confianza en ellos mismos, son rechazados, o son hijos de madres y padres adictos, están más propensos a adquirir alguna adicción.

El tabaco es una droga, ya que provoca dependencia. Contiene diversas sustancias que dañan el organismo y causa daños irreversibles, incapacitantes y mortales como enfisema pulmonar, infartos y cáncer del pulmón, que es una de las principales causas de muerte en nuestro país. Los hijos de madres fumadoras nacen con bajo peso y tienen mayor riesgo de morir.

El humo del tabaco daña también a las personas que se encuentran cerca y las convierte en fumadores pasivos que presentan problemas de salud similares a los de fumadores activos. Los adolescentes suelen empezar a fumar a muy temprana edad, sobre todo por presión de sus amigos.

Recuerde que se enseña con el ejemplo. Es importante que si alguno de los padres fuma, haga un esfuerzo por dejar de hacerlo, o por lo menos evite fumar en casa y en lugares cerrados.

Alcoholismo

Esta enfermedad se presenta por consumir bebidas alcohólicas con frecuencia y en exceso, y ocasiona problemas graves como:

- Daños al hígado, estómago y nervios.
- Daños mentales.
- Problemas familiares.
- Abandono y pérdida del trabajo.
- Violencia, accidentes, suicidios, homicidios.

Si los adolescentes crecen en un ambiente que promueva su autoestima y su seguridad; que les permita tomar decisiones, resolver problemas, expresarse y desarrollar sus habilidades; y son queridos, reconocidos y aceptados, aprenderán a rechazar aquellas sustancias que ponen en peligro su salud y su vida. Es importante hablar con ellos sobre las adicciones, y tener una comunicación abierta que los invite a hablar de sus dudas e inquietudes.

Infecciones de transmisión sexual

Causadas por bacterias, virus, hongos o parásitos, estas infecciones se transmiten por medio del contacto sexual cuando no se tiene protección, como la que brinda el condón. No se transmiten por contacto casual, es decir, por abrazarse, saludarse o usar baños públicos.

Para prevenir estas enfermedades es necesario usar condón cada vez que se tengan relaciones sexuales, así como un buen aseo personal.

Algunas infecciones de transmisión sexual como vaginitis, gonorrea y herpes genital se manifiestan por:

- Dolor vaginal al tener relaciones sexuales.
- Dolor o ardor al orinar.
- Secreción blanco-amarillenta o verdosa que sale por la vagina o el pene y tiene un olor desagradable.
- Comezón o ronchas en el área de los órganos sexuales.
- Dolor o molestias en la parte baja del abdomen.
- Fiebre.
- Malestar general.

Si presenta algunos de estos síntomas, es necesario acudir al médico.

SIDA
(Síndrome de inmunodeficiencia adquirida)

Ésta es una enfermedad ocasionada por el virus de la inmunodeficiencia humana (VIH) que ha causado gran número de muertes en todo el mundo y que ataca el sistema inmunológico del ser humano. El virus se encuentra en la sangre, en el semen y en el líquido vaginal. Se transmite por relaciones sexuales sin protección, por el uso de agujas u objetos punzocortantes infectados y por transfusiones de sangre contaminada.

El virus del SIDA no se transmite por la saliva, las lágrimas, la orina, el sudor, excremento, estornudo, usar baños públicos, nadar en albercas, ni por usar ropa, vasos, platos o cucharas de una persona infectada, lo cual significa que podemos convivir con un enfermo de SIDA sin temor a contagiarnos.

El diagnóstico del SIDA se hace mediante un examen de sangre, el cual debe realizarse a partir de que hayan transcurrido tres meses de haber tenido una práctica sexual de riesgo.

Para evitar el contagio de VIH es necesario:

- Utilizar condón.
- Si se requiere una transfusión, cuidar que la sangre tenga garantía de no estar infectada, es decir, que tenga la leyenda "sangre segura".
- No utilizar agujas o jeringas usadas por otras personas.
- No hacerse tatuajes ni tratamientos con acupuntura si no se está seguro de que las agujas utilizadas son nuevas y están esterilizadas.
- En caso de sospecha de contagio, acudir al médico para un diagnóstico y tratamiento adecuados.

Adultos y adultos mayores

Durante las últimas décadas se han incrementado las enfermedades no transmisibles o crónico-degenerativas como la diabetes, la hipertensión arterial y diferentes tipos de cáncer que afectan a la población adulta en nuestro país.

Los hábitos no saludables influyen de manera importante en la aparición de estas enfermedades. Así, el tabaquismo, la mala alimentación que incluye alto consumo de azúcares, grasas, sal, comidas irregulares, alimentos industrializados, la vida sedentaria y las presiones a que se enfrenta la mayoría de los adultos propician la aparición de diabetes mellitus, presión alta y enfermedades del corazón, entre otras.

Diabetes mellitus
(azúcar en la sangre)

La diabetes mellitus es el aumento de azúcar en la sangre. Puede afectar todo el organismo y ocasionar la muerte. Esta enfermedad no se cura, pero puede controlarse con tratamiento médico y una buena alimentación.

Las manifestaciones de la diabetes son:

- Mucha sed.
- Mucha hambre.
- Orinar muchas veces tanto en el día como en la noche y de manera abundante.
- Pérdida de peso sin causa aparente.
- Mucho cansancio.
- Trastornos de la vista.

Con frecuencia las personas son diabéticas y no lo saben, ya que no presentan ninguno de estos síntomas. Por esto es importante que en cada revisión médica pidan que examinen el nivel de glucosa (azúcar) en su sangre.

La diabetes daña todo el organismo, y cuando no se controla de manera adecuada se presentan complicaciones como infarto, disminución de la vista, alteraciones del riñón y problemas de circulación, entre otras.

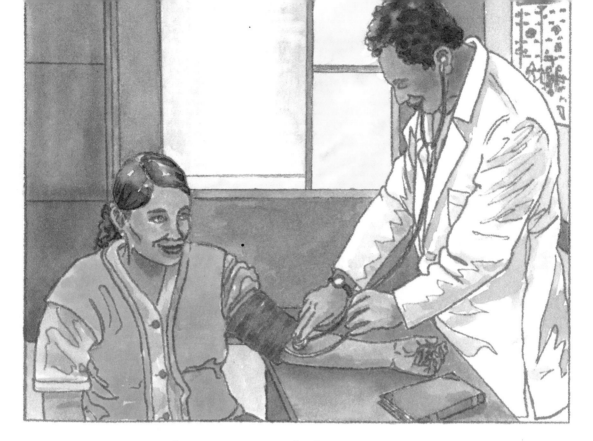

Es necesario que las personas diabéticas:

- Acudan a control médico con regularidad y sigan al pie de la letra su tratamiento y todas las indicaciones del médico.
- Lleven una buena alimentación.
- Hagan ejercicio físico todos los días.
- Eviten el consumo de alcohol y de tabaco.
- Cuiden sus pies y dedos, corten con cuidado las uñas de los pies y, si llegan a tener alguna herida, acudan al médico.

Hipertensión arterial
(presión alta)

Esta enfermedad va en aumento como resultado de los modos de vida actuales, al igual que la diabetes y la obesidad. Las presiones, la mala alimentación, el abuso del alcohol, el tabaquismo y la falta de ejercicio físico son factores que favorecen la aparición de este padecimiento.

La presión arterial es la fuerza con la que el corazón manda la sangre a todo el cuerpo a través de las arterias; si éstas se endurecen, el corazón tiene que realizar un mayor esfuerzo para vencer la resistencia y se presenta entonces la hipertensión arterial. Afecta a todo el organismo, sobre todo corazón, pulmones, riñones, ojos, y puede ocasionar la muerte.

Sus manifestaciones son:

- Dolor de cabeza.
- Mareos.
- Zumbidos en los oídos.
- Visión borrosa y lucecitas.
- Sangrado por la nariz.

La hipertensión es una enfermedad muy peligrosa, ya que con frecuencia los hipertensos no tienen al inicio de la enfermedad ninguna molestia, por lo que se le llama "el asesino silencioso".

Para evitar la hipertensión arterial se recomienda:

- Cuidar la alimentación y evitar el exceso de peso.
- No consumir sal en exceso.
- Hacer ejercicio.
- No fumar ni abusar del alcohol.
- Ir al médico por lo menos una vez al año a partir de los 25 años de edad, dos veces después de los 40, y tres veces después de los 60.

Cáncer

El cáncer es una enfermedad en la cual las células de diferentes partes del cuerpo crecen de manera anormal y descontrolada, invadiendo las células normales, lo que hace que ya no funcionen adecuadamente Puede invadir otras células que se encuentran más alejadas. El cáncer más frecuente se presenta en el pulmón, el cuello de la matriz y la matriz, las mamas y el estómago, la próstata y la piel.

Hasta hace poco se pensaba que el cáncer siempre era mortal. Ahora se sabe que si se detecta cuando comienza, se puede controlar e incluso, en algunos casos, curarse.

En las mujeres el cáncer cérvico-uterino y el mamario son los más frecuentes. En la actualidad estos dos tipos de cáncer son causas importantes de muerte en nuestro país. Ambos se pueden detectar tempranamente mediante algunas pruebas sencillas como el Papanicolau y el examen mamario.

El cáncer de mama se presenta con mayor frecuencia después de los 40 años: cuando la menstruación se inició en edad temprana, antes de los doce años; cuando no se han tenido hijos; si el primer embarazo fue después de los 30 años; cuando algún familiar ha tenido cáncer; si se utilizan anticonceptivos durante mucho tiempo, y cuando se fuma.

Este tipo de cáncer se puede detectar en etapas tempranas mediante la realización del autoexamen mamario, es decir, las mujeres mismas pueden revisarse de la manera siguiente:

Acostada boca arriba, coloque una almohada o toalla bajo el lado izquierdo de su espalda. Tocando con la yema de sus dedos revise su seno izquierdo y trate de descubrir cualquier bolita o dureza. Haga lo mismo con su seno derecho.

De pie frente al espejo, con los brazos hacia arriba busque cualquier cambio en el contorno, tamaño, color o forma de los senos. Tenga en cuenta que muchas mujeres tienen un seno más grande que el otro. Debe conocer su cuerpo para saber lo que es normal para Usted.

Exprima suavemente con sus dedos los pezones y observe si sale alguna secreción.

Este examen se debe realizar a partir de los 20 años, cada mes y de preferencia en el mismo día del mes. Si se detecta alguna bolita o algún cambio en la forma o tamaño de alguno de los senos o del pezón, se debe acudir de inmediato a la unidad de salud.

Es importante que durante la visita anual al médico se solicite una revisión de las mamas.

El cáncer cérvico-uterino es la principal causa de muerte de mujeres en nuestro país. Al igual que el cáncer mamario, se puede detectar tempranamente mediante la realización de una prueba muy sencilla llamada Papanicoloau, que consiste en tomar una muestra de células del cuello de la matriz para examinarla. Cuando resulta normal se debe repetir cada tres años; después de dos pruebas negativas se puede dejar de realizar en mujeres mayores de 65 años.

Al teminar la última plática, la doctora Domínguez invitó a los asistentes a comentar si se habían practicado las pruebas necesarias para la detección de las enfermedades más frecuentes en su grupo de edad. Les recordó que las enfermedades son conocidas como "enfermedades silenciosas" porque no tienen síntomas fácilmente visibles, y se manifiestan cuando ya han avanzado.

Por eso es importante visitar al médico una vez al año.

La sesión concluyó haciendo un repaso de las tres maneras de cuidar la salud.

Cada participante comentó qué información le había resultado útil e interesante para cuidar la salud de su familia.

Para concluir

Recordemos que las tres maneras de cuidar la salud son:

- Promoverla y conservarla mediante la práctica de hábitos saludables, es decir, tener una alimentación adecuada; cuerpo, alimentos y casa limpios; realizar alguna actividad física; descansar y tener una recreación sana; fomentar una relación familiar de confianza y respeto.

- Prevenir enfermedades.

- Detectar problemas de salud y atenderse oportunamente.

Mamá y Papá: los invitamos a adoptar prácticas y hábitos en beneficio de la salud de su familia. Asimismo, a estar al pendiente de las pláticas y campañas organizadas para ayudar a mantener la salud.

Platiquen con sus hijos acerca de lo que han aprendido en este libro, y conozcan lo que ellos estudian en la escuela sobre estos temas.

La salud de nuestra familia es responsabilidad compartida, y aprender cada vez más nos protegerá.

" Las niñas y los niños tienen derecho al disfrute del más alto nivel posible de salud y a servicios para el tratamiento de las enfermedades y la rehabilitación.

Todos los sectores de la sociedad,
y en particular los padres y los niños,
tienen derecho a conocer los principios
básicos de la salud y la nutrición;
las ventajas de la lactancia materna,
la higiene y el saneamiento ambiental;
las medidas de prevención de accidentes;
y a tener acceso a la educación pertinente
y recibir apoyo en la aplicación
de esos conocimientos. **"**

Artículo 24 de la Convención sobre los Derechos del Niño aprobada por la Asamblea General de las Naciones Unidas, en noviembre de 1989.